LECTURES CLE E

CU00537087

LES TROIS
MOUSQUETAIRES

ALEXANDRE DUMAS

Adapté en français facile
par Brigitte Faucard-Martinez

CLE
INTERNATIONAL

<u>Alexandre Dumas</u> naît en Normandie en 1802. Il perd son père à l'âge de quatre ans. À quatorze ans, pour aider sa famille, il devient clerc[1] de notaire.

En 1822, il part à Paris et commence à écrire. La représentation du drame *Henri et la cour*, en février 1829, lui ouvre les portes du succès.

Il écrit d'abord pour le théâtre, puis il écrit des romans. Avec le *Comte de Monte-Cristo* (1844), il devient célèbre. Il écrit alors d'autres romans à succès, publiés parfois sous forme de feuilletons[2] : *Les Trois Mousquetaires* (1844), *Vingt ans après* (1845), *La Reine Margot* (1845).

Il meurt en 1870.

* * *

---

1. Clerc de notaire : employé d'un notaire.
2. Feuilletons : chapitres ou passages de romans qui sont publiés tous les jours dans un journal.

Dans *Les Trois Mousquetaires*, roman historique d'Alexandre Dumas, le héros principal est d'Artagnan, un jeune homme courageux et rusé, qui lutte contre les hommes du cardinal de Richelieu.

Le succès de ce roman étant très important, Dumas décide de faire réapparaître son héros dans deux autres romans : *Vingt ans après* (1845) et *Le Vicomte de Bragelonne* (1848-1850).

Mais qui est d'Artagnan ? Un véritable personnage ou un héros inventé par Alexandre Dumas ? D'Artagnan (Charles de Batz) naît en 1611. Il sert le roi Louis XIII puis Louis XIV et devient capitaine des mousquetaires*. Il meurt à Maëstricht en 1673.

Pour écrire son roman, Dumas s'inspire donc de personnages réels qui ont joué un rôle dans l'histoire de France : Louis XIII, Anne d'Autriche, Richelieu, etc. Avant d'entrer dans la lecture du roman, voici quelques mots sur certains de ces personnages si célèbres.

Louis XIII : roi de France (1610-1643), fils d'Henri IV et de Marie de Médicis. Il épouse Anne d'Autriche en 1615 et ils ont deux fils, Louis XIV et Philippe d'Orléans. Toutes ses actions sont en accord avec celles de son ministre Richelieu.

Richelieu (Armand Jean du Plessis, cardinal, duc de) : Ministre de Louis XIII ; pendant toute sa vie politique, son seul but est de restaurer l'autorité royale et d'établir la supériorité française en Europe.

Les mots ou expressions suivis d'un astérisque* dans le texte sont expliqués dans le Vocabulaire, page 59.

PREMIÈRE PARTIE

*L*E PREMIER LUNDI DU MOIS D'AVRIL 1625, il y a une grande agitation[1] dans le bourg[2] de Meung. Les gens vont à l'hôtellerie* du *Franc Meunier*, où il y a déjà un groupe important et bruyant. Une fois sur place, on comprend la raison de tout ce mouvement.

Un jeune homme d'environ dix-huit ans, au visage long et brun, à l'œil intelligent, et qui porte l'épée* à la ceinture est en effet le centre d'attention ; enfin pas lui, plus exactement sa monture*, qui est tout à fait extraordinaire : il s'agit d'un petit cheval de couleur jaune, plutôt laid, qui marche la tête plus bas que les genoux. Et c'est surtout lui qui attire l'attention de la foule mais aussi son cavalier*.

Le jeune homme, qui se nomme d'Artagnan et qui est gascon[3], sait très bien que ce cheval le rend ridicule mais c'est un cadeau que lui a fait son père quand il a quitté son pays natal pour aller chercher fortune à Paris. Au moment des adieux, son père lui a aussi

---

1. Agitation : mouvement de personnes qui vont et viennent.
2. Bourg : gros village.
3. Gascon : de Gascogne, ancienne province du sud-ouest de la France.

remis une petite quantité d'argent et une lettre de recommandation pour M. de Tréville, le capitaine des mousquetaires.

Une fois à Meung, d'Artagnan a décidé de s'arrêter au *Franc Meunier* pour y passer la nuit. En arrivant devant la porte de l'auberge, il voit à une fenêtre un gentilhomme* qui bavarde avec deux personnes qui éclatent de rire à tout moment en regardant notre héros.

D'Artagnan, comprenant qu'on rit de lui, s'avance vers l'impertinent[1], une main posée sur son épée et l'autre appuyée sur la hanche[2].

– Eh ! Monsieur, s'écrie-t-il, dites-moi de quoi vous riez et nous rirons ensemble.

Le gentilhomme lui répond :

– Je ne vous parle pas, monsieur.

– Mais je vous parle, moi ! s'écrie d'Artagnan, fâché.

Le gentilhomme se retire alors de la fenêtre, sort lentement de l'auberge et s'approche de d'Artagnan.

– Ce cheval a sûrement été bouton d'or[3] dans sa jeunesse. C'est une couleur courante pour une fleur mais très rare pour un cheval.

Et l'inconnu tourne le dos et repart vers l'auberge.

D'Artagnan descend de son cheval, tire son épée du fourreau* et se met à le poursuivre en criant :

---

1. Impertinent : personne impolie.
2. Hanche : partie du corps située sur le côté, sous la taille.
3. Bouton d'or : petite fleur jaune que l'on trouve dans les champs.

– Tournez-vous, tournez-vous, monsieur, que je ne vous frappe pas par derrière.

– Me frapper, moi ! dit l'autre en se retournant et en regardant le jeune homme avec mépris[1].

Alors d'Artagnan se jette sur lui, l'épée en avant. L'homme tire son arme, salue son adversaire et se met en garde*. Mais à ce moment, apparaissent les amis de l'homme et l'un d'eux donne un coup de bâton si fort à d'Artagnan que ce dernier s'évanouit.

Les gens qui assistent à la scène poussent de si grands cris que l'hôte sort de l'auberge et, avec l'aide de ses garçons, il emporte vite le blessé dans la cuisine pour le soigner.

Quand, au bout d'un moment, l'hôte ressort de la cuisine, l'homme lui demande des nouvelles de d'Artagnan :

– Eh bien, comment va ce fou ?

– Il s'est réveillé et s'est à nouveau évanoui, ce qui ne l'a pas empêché de dire en frappant sa poche que, quand M. de Tréville apprendra ce qu'on a fait à son protégé, il ne sera pas très content.

– Monsieur de Tréville ? dit l'homme tout à coup pensif... Voyons, mon cher hôte, je vous connais et je suis sûr que, quand le jeune homme s'est de nouveau évanoui, vous avez... regardé dans sa poche. Qu'est-ce qu'il y avait ?

---

1. Avec mépris : sans respect.

– Une lettre adressée à « M. de Tréville, capitaine des mousquetaires », répond l'hôte.

« Il ne faut pas que ce jeune homme voie Milady. » se dit l'inconnu. « Si seulement je pouvais savoir ce que contient la lettre pour Tréville... »

Pendant que l'hôte monte l'escalier pour préparer une chambre à d'Artagnan, l'inconnu entre dans la cuisine.

Le lendemain matin, d'Artagnan, qui se sent beaucoup mieux, décide de continuer son chemin.

Il se lève, sort de la chambre où l'a conduit l'hôte et descend l'escalier. En arrivant en bas, il aperçoit son ennemi en train de parler avec une femme qui se trouve dans un carrosse*. C'est une femme d'environ vingt-deux ans, blonde aux cheveux bouclés et très belle.

– Ainsi, son Éminence[1] m'ordonne..., dit-elle d'une voix forte.

– De retourner immédiatement en Angleterre et de la prévenir si le duc quitte Londres...

L'inconnu va ajouter quelque chose mais il aperçoit d'Artagnan qui s'élance vers lui.

– Partez, Milady, s'écrie-t-il, et il court vers sa monture et part au galop.

– Ah ! lâche ! misérable ! crie d'Artagnan, mais l'homme est déjà loin.

D'Artagnan va alors payer son hôte avant de partir.

---

1. Son Éminence : le cardinal de Richelieu.

Mais, quand il cherche dans sa poche pour sortir son argent, il s'aperçoit que la lettre adressée à M. de Tréville a disparu.

– Ma lettre, s'écrie-t-il, savez-vous où elle est ?

L'hôte réfléchit un instant et finit par dire :

– Cette lettre n'est pas perdue, monsieur, elle vous a été prise.

– Prise ? fait d'Artagnan, et par qui ?

– Par le gentilhomme d'hier. Il est allé vous voir dans la cuisine quand vous étiez évanoui. Je suis sûr qu'il l'a volée.

– Je me plaindrai[1] à M. de Tréville, et M. de Tréville se plaindra au roi, répond d'Artagnan.

Puis il reprend sa monture et se rend à Paris sans autre incident. Une fois à Paris, il vend son cheval puis loue un appartement.

***

Le lendemain matin, d'Artagnan se lève à neuf heures pour se rendre chez M. de Tréville, capitaine des mousquetaires.

Quand il arrive à l'hôtel de M. de Tréville, il y a beaucoup de personnes qui attendent devant la porte de son cabinet*.

Comme c'est la première fois qu'on le voit là, on vient lui demander ce qu'il veut. D'Artagnan donne

1. Se plaindre de quelque chose : exprimer sa colère au sujet de quelque chose.

haughty

son nom, dit qu'il est le compatriote[1] de M. de Tréville et demande à être reçu. On lui répond d'attendre.

D'Artagnan profite de cette attente pour observer les gens qui l'entourent. Au centre du groupe le plus important, il y a un mousquetaire de grande taille, au visage hautain[2] qui porte un baudrier* magnifique, tout brodé d'or, et un long manteau de velours rouge très élégant.

– Que voulez-vous, dit le mousquetaire à ses amis, ça m'a coûté très cher mais c'est la mode. *fashionable*

– Ah ! Porthos, s'écrie un des assistants, ce baudrier t'a sûrement été donné par une dame que je connais bien... *mistake* *sure ?*

– Tu fais erreur, mon ami, je l'ai acheté moi-même. N'est-ce pas Aramis ? dit Porthos en se tournant vers un autre mousquetaire.

Cet autre mousquetaire est un jeune homme de vingt-deux à vingt-trois ans, au visage doux. *handsome*

À cet instant, la porte du cabinet de M. de Tréville s'ouvre et on annonce :

– M. de Tréville attend M. d'Artagnan.

M. de Tréville est de très mauvaise humeur. Il salue cependant le jeune homme puis ouvre la porte de son cabinet et crie :

– Athos ! Porthos ! Aramis !

Les deux mousquetaires que nous venons de

---

1. Compatriote : personne qui est du même pays qu'une autre.
2. Hautain : fier.

connaître s'avancent. M. de Tréville les fait entrer et ferme la porte.

– Savez-vous ce que le roi m'a dit, hier soir ? leur demande-t-il d'un ton plein de colère. Qu'à partir de maintenant, il chercherait ses mousquetaires parmi les gardes de M. le cardinal ! Et il a tout à fait raison ! Mais enfin, messieurs, à quoi pensiez-vous hier ? Aller dans un cabaret* et faire un tel scandale que les gardes du cardinal ont été obligés d'intervenir ! Oui, messieurs, on vous a vus, ne dites pas le contraire, le cardinal lui-même me l'a dit. Mais Athos, où est-il ? Je ne le vois pas.

– Monsieur, répond tristement Aramis, il est malade, très malade.

– Malade... Pas du tout ! Blessé sans doute, tué peut-être. Messieurs, je ne veux pas qu'on fréquente les mauvais endroits et je ne veux surtout pas que les gardes de M. le cardinal se moquent de nous !

Porthos ne peut en supporter plus et, hors de lui, il dit :

– Eh bien ! Mon capitaine, la vérité c'est que nous avons été pris en traîtres[1] et, avant de pouvoir tirer nos épées, deux de nos amis étaient morts et Athos blessé.

– Et j'ai l'honneur de vous dire que j'ai tué un garde, ajoute Aramis, avec sa propre épée car la mienne était cassée.

---

1. Prendre une personne en traître : agir avec elle d'une façon malhonnête, sans la prévenir de ce qu'on va faire.

— Je ne savais pas cela, dit Tréville, M. le cardinal a exagéré, comme d'habitude.

Au même instant, la porte s'ouvre et un homme à la tête noble et belle mais très pâle apparaît.

— Athos ! s'écrient Porthos et Aramis.

— Vous m'avez demandé, monsieur, dit Athos d'une voix faible et calme.

– J'étais en train de dire à ces messieurs que je ne veux pas que mes mousquetaires mettent leur vie en danger sans nécessité car je sais que notre bon roi Louis XIII les aime et sait que ses mousquetaires sont les plus braves gens de la terre. Votre main, Athos.

Les deux hommes se serrent la main puis Tréville leur indique de se retirer.

Il se tourne alors vers d'Artagnan et lui dit :

– Pardon, mon cher compatriote, mais je vous ai presque oublié. Que voulez-vous ! Un capitaine est comme un père de famille et les soldats... de grands enfants. J'ai beaucoup aimé votre père. Que puis-je pour son fils ? Dépêchez-vous, je n'ai pas beaucoup de temps.

D'Artagnan est un peu surpris par le ton froid de M. de Tréville.

– Monsieur, je voulais vous demander d'entrer chez les mousquetaires, mais je n'ai plus la lettre de recommandation que mon père m'a donnée.

– Vous aviez une lettre, dit Tréville d'un ton plus aimable, et où est-elle ?

– On me l'a volée.

Et d'Artagnan raconte l'épisode de Meung. M. de Tréville lui dit alors de décrire le gentilhomme puis il lui demande :

– Et la femme avec qui il parlait était anglaise ?

– Il l'appelait Milady.

– Je vois. Soyez prudent avec cet homme, d'Artagnan, il est dangereux. Bien, je vais vous faire une lettre pour le directeur de l'Académie Royale. S'il vous admet chez lui, vous apprendrez tout ce qu'il faut savoir pour pouvoir entrer un jour chez les mousquetaires du roi.

M. de Tréville va s'asseoir à une table et se met à écrire. Pendant ce temps, d'Artagnan observe les mousquetaires par la fenêtre.

Une fois la lettre écrite, M. de Tréville s'approche de d'Artagnan pour la lui donner. D'Artagnan la prend et, après avoir regardé dans la cour, rouge de colère, il s'écrie tout à coup :

– Mon Dieu, c'est lui ! Il ne m'échappera pas, cette fois !

– Qui ? demande Tréville.

– Mon voleur ! répond d'Artagnan.

Puis il salue M. de Tréville et part en courant.

– Jeune fou ! murmure M. de Tréville en souriant.

D'Artagnan, furieux, descend l'escalier à toute vitesse et, sans le vouloir, heurte[1] un mousquetaire et lui fait pousser un cri.

– Excusez-moi, dit d'Artagnan.

– Vous êtes pressé ! s'écrie le mousquetaire qui n'est autre qu'Athos. Vous me heurtez, vous dites : excusez-moi et vous pensez que cela est suffisant ?

– Ma foi, répond d'Artagnan, je vous ai dit : excusez-moi, il me semble que c'est assez.

– Vous n'êtes pas très poli, monsieur, répond

---

1. Heurter : toucher brutalement.

Athos, on voit que vous venez de loin.

– Ah ! s'écrie d'Artagnan, si je n'étais pas si pressé…

– Monsieur l'homme pressé, vous me trouverez sans courir moi, comprenez-vous ? lui dit Athos.

– Et où cela, s'il vous plaît ?

– Près des Carmes-Deschaux, vers midi.

– C'est bien, j'y serai.

Et d'Artagnan reprend sa course. Mais, à la porte de la rue, il trouve Porthos qui cause[1] avec un soldat. D'Artagnan s'élance entre les deux hommes mais, au moment où il passe, le vent soulève le manteau de Porthos et voilà notre héros enroulé dedans. C'est alors qu'il découvre, tout étonné, que le baudrier d'or de Porthos est, derrière, en simple cuir. Il finit par se libérer et dit à Porthos :

– Excusez-moi, monsieur, mais je suis très pressé, je cours après quelqu'un et…

– Est-ce que vous oubliez vos yeux quand vous courez ?

– Non, répond d'Artagnan, vexé[2], et cela me permet de voir ce que les autres ne voient pas…

Porthos, comprenant ce que veut dire d'Artagnan, veut se précipiter sur notre ami. Mais ce dernier part en courant et crie :

– Plus tard, plus tard, quand vous n'aurez plus votre manteau.

---

1. Causer : bavarder, parler.
2. Vexé : humilié, offensé.

– À une heure donc, près des Carmes-Deschaux.

– Très bien, à une heure, répond d'Artagnan.

Il continue sa course mais ne trouve pas l'homme qu'il cherche. Il se met alors à réfléchir :

– Je suis à peine arrivé à Paris et j'ai déjà deux bons duels*. Quel imbécile je suis ! Si j'en réchappe[1], il faut que je change d'attitude ; je ne peux pas me disputer pour un oui ou pour un non.

Tout en se parlant ainsi, il arrive devant une maison où il voit Aramis qui bavarde avec deux gentilshommes. Aramis l'aperçoit aussi mais fait semblant de ne pas le voir. D'Artagnan, voulant être aimable, s'approche des jeunes gens et leur fait un salut avec un grand sourire. C'est alors qu'il remarque qu'Aramis a laissé tomber son mouchoir, un mouchoir blanc et délicatement brodé, et qu'il a mis, sans s'en rendre compte, son pied dessus. Il se baisse, le tire de dessous le pied du mousquetaire et le donne à Aramis.

– Je crois, monsieur, que vous venez de perdre ce mouchoir.

Les deux amis d'Aramis éclatent alors de rire et l'un d'eux dit :

– Oh, oh, discret Aramis, je vois que vous êtes fort ami avec une certaine dame…

– Vous vous trompez, messieurs, ce mouchoir n'est pas à moi.

---

1. En réchapper : sortir vivant de cette affaire.

Les deux hommes saluent le mousquetaire puis s'en vont en riant.

– Pourquoi m'avez-vous rendu ce mouchoir, monsieur ? demande Aramis à d'Artagnan. Maintenant, une dame peut avoir des problèmes à cause de vous !

– Et vous, pourquoi l'avez-vous fait tomber ?

– Ah ! vous le prenez sur ce ton, monsieur le Gascon ! Eh bien, je vais vous apprendre à vivre. À deux heures, nous nous retrouverons près des Carmes-Deschaux.

Les deux hommes se saluent puis chacun part de son côté.

D'Artagnan ne connaît personne à Paris. Il va donc au rendez-vous d'Athos, seul.

Quand il arrive au terrain, Athos est déjà là et midi sonne.

– Monsieur, dit Athos, deux de mes amis vont venir pour me servir de témoins.

C'est alors qu'on voit apparaître Porthos. Ce dernier s'approche d'Athos, lui serre la main et regarde, tout étonné, d'Artagnan.

– C'est avec monsieur que je me bats, dit Athos en montrant d'Artagnan.

– Et c'est avec lui que je me bats aussi, dit Porthos.

– Oui, mais à une heure seulement, répond d'Artagnan.

– Et moi aussi, c'est avec monsieur que je me bats, dit Aramis en arrivant à son tour sur le terrain.

– Mais à deux heures seulement, fait d'Artagnan

avec le même calme. Et maintenant, messieurs
Porthos et Aramis, je vous prie de m'excuser si je ne
peux pas me battre avec vous. En effet, M. Athos a le
droit de me tuer le premier, ce qui enlève certaines
possibilités que je me batte avec vous. Et maintenant,
en garde !

D'Artagnan et Porthos ont à peine le temps de tirer leur épée qu'un groupe de sept gardes du cardinal arrive sur le terrain.

– Eh bien ! dit l'un d'eux, on se bat, vous savez pourtant que c'est interdit. Allons, remettez vos épées en place et suivez-nous.

Mais les mousquetaires ne partagent pas cette décision et bientôt, les gardes de son Éminence et les trois mousquetaires, auxquels se joint bientôt d'Artagnan, commencent à se battre. Le combat est dur mais il se termine en faveur du Gascon, qui se bat avec beaucoup de courage, et des mousquetaires.

Une fois la victoire obtenue, Athos, Porthos, Aramis et d'Artagnan rentrent joyeux à l'hôtel de M. de Tréville, où ce dernier se fâche tout haut et les félicite tout bas.

À partir de ce jour, les quatre amis deviennent inséparables et se voient tous les jours, les uns chez les autres.

D'Artagnan est enfin admis à l'Académie Royale. Son rêve, c'est d'être mousquetaire du roi et il est bien décidé à se battre pour porter un jour la casaque* de ces hommes courageux.

DEUXIÈME PARTIE

*U*N JOUR OÙ D'ARTAGNAN SE TROUVE CHEZ LUI, on frappe doucement à sa porte. Il va ouvrir et fait entrer un homme petit qui a l'air d'un bourgeois*. D'Artagnan le fait asseoir.

– J'ai entendu parler de M. d'Artagnan comme d'un jeune homme très courageux et c'est pourquoi je viens vous confier un secret.

– Parlez, monsieur, dit d'Artagnan.

– Voilà, monsieur, ma femme est lingère* chez la reine et... et elle a été enlevée hier matin quand elle sortait de la pièce où elle travaillait.

– Et par qui votre femme a été enlevée ?

– Je ne sais pas, monsieur, mais je crois que c'est à cause des amours d'une grande dame.

– À cause des amours de Mme d'Aiguillon ?

– Plus haut, monsieur, plus haut.

– De Mme de Chevreuse ?

– Beaucoup plus haut, monsieur.

– De la..., d'Artagnan s'arrête.

– Oui, monsieur, de la... reine Anne d'Autriche, dit l'homme, épouvanté[1].

---

1. Épouvanté : qui a très peur.

– Avec qui ?

– Avec qui, demandez-vous, mais avec le duc de Buckingham...

– Diable ! dit d'Artagnan, mais comment le savez-vous ?

– Je le sais par Constance, ma femme, monsieur. La reine a confiance en elle et lui parle souvent. Ma femme a sûrement été enlevée par des hommes du cardinal pour connaître les secrets de la reine. Le duc va venir la voir et la reine a peur qu'on lui tende un piège[1].

Mais au fait, monsieur...

– Bonacieux, je suis votre propriétaire et je m'adresse à vous car je connais votre réputation et comme vous me devez trois mois de loyer, j'ai pensé...

– Et vous avez tout à fait raison, monsieur Bonacieux. Je vous demandais donc comment vous saviez qu'on a enlevé votre femme.

– Lisez, dit Bonacieux en tendant un papier à d'Artagnan :

« Ne cherchez pas votre femme, elle vous sera rendue quand on n'aura plus besoin d'elle. Si vous essayez de la retrouver, vous êtes perdu. »

– J'ai peur, monsieur, ajoute Bonacieux, et je crois que je vais quitter Paris pendant quelques jours. J'ai pensé que vous pourriez, vous et vos amis mousquetaires,... vous occuper de cette affaire.

---

1. Tendre un piège à quelqu'un : organiser une intrigue pour prendre quelqu'un par surprise.

– Mais bien sûr, partez, quand j'aurai des nouvelles de votre femme, je vous le dirai.

Bonacieux part rapidement.

– Quel poltron[1], se dit d'Artagnan. Mais nous allons nous occuper de tout ça, c'est peut-être un bon moyen de se moquer du cardinal.

D'Artagnan en parle à ses trois amis qui lui disent d'aller de l'avant et qu'il peut compter sur leur aide.

D'Artagnan se met donc à observer la maison de Bonacieux et, dans l'après-midi, il voit que deux hommes se sont installés discrètement dedans.

– Hum, hum, fait d'Artagnan, ce sont, j'en suis sûr, des gardes du cardinal. Il faut surveiller tout ça de près.

Le lendemain soir, d'Artagnan entend frapper à la porte de la rue. La porte s'ouvre et on laisse passer quelqu'un. Bientôt, il entend des cris qu'on cherche à étouffer[2].

– Mon Dieu ! s'écrie d'Artagnan, il me semble que c'est une femme, on la fouille, elle résiste, les misérables !

Puis il entend la pauvre femme crier :

– Mais je vous dis que je suis madame Bonacieux, la maîtresse de maison, je vous dis que je suis au service de la reine.

En entendant cela, d'Artagnan prend son épée,

---

1. Poltron : personne qui n'est pas courageuse.
2. Étouffer des cris : faire en sorte qu'on ne les entende pas.

sort de chez lui et entre de force chez Bonacieux. Il voit alors deux hommes qui essaient d'entraîner une pauvre femme. Il s'élance sur eux et commence à se battre comme un fou. Les gardes ne tardent pas à abandonner la lutte et à partir à toute vitesse.

D'Artagnan reste seul avec Mme Bonacieux qui est allongée sur le sol, évanouie. Il la prend dans ses bras et l'installe dans un fauteuil. C'est une charmante jeune femme de vingt-cinq ans, brune aux yeux bleus.

À ce moment, Mme Bonacieux reprend conscience. Elle voit que l'appartement est vide et qu'elle est seule avec son sauveur. Elle tend les mains en souriant. Elle a vraiment le plus beau sourire du monde.

– Monsieur, dit-elle, c'est vous qui m'avez sauvée, merci.

– Madame, je n'ai fait que mon devoir de gentilhomme.

– Sans doute, monsieur, mais laissez-moi vous remercier encore. Mais au fait, où est mon mari ?

– Il est parti... l'histoire de votre enlèvement lui a fait peur !

– Mais vous savez donc...

– Oui, madame, je sais tout. Mais comment vous êtes-vous échappée ?

– J'ai profité d'un moment où on m'a laissée seule et, à l'aide de mes draps, je suis descendue par la fenêtre.

– Les gardes vont revenir, madame, nous devons partir.

– Oui, vous avez raison, partons.

Le jeune homme et la jeune femme quittent rapidement la maison.

– Monsieur, puisque je ne peux pas compter sur mon mari, je dois me confier à vous. Je vais vous dire où je vais me cacher pendant quelque temps pour pouvoir agir sans danger pour ma reine. Allez au Louvre et demandez M. La Porte. Il est de toute confiance. Dites-lui où je me cache, je vous en supplie.

– J'y vais tout de suite, dit d'Artagnan, mais est-ce que je vous reverrai ?

– Vous désirez me revoir ? répond Constance.

– Certainement.

– Alors, vous aurez de mes nouvelles.

D'Artagnan salue Mme Bonacieux en lui lançant un coup d'œil amoureux et part voir M. La Porte.

Dix jours passent. D'Artagnan n'a pas de nouvelles de Constance et il commence à être très inquiet. Enfin, un matin, très tôt, il entend frapper doucement à sa porte. Il va ouvrir et se trouve en face de Constance. Il ne peut cacher sa joie. Il la fait vite entrer.

– Madame, j'étais inquiet, je n'avais pas de nouvelles de vous, que vous est-il arrivé ?

Constance ne répond rien. Son cœur bat de joie. Beaucoup de choses se sont passées en dix jours et elle doit trouver quelqu'un pour une mission très délicate. Elle sait que seul d'Artagnan peut l'aider et elle voit dans ses yeux qu'elle ne se trompe pas.

– Monsieur, des événements graves se sont produits pendant ces quelques jours et c'est la raison de mon silence. Je viens aujourd'hui vous trouver car j'ai besoin de vous pour une mission secrète et de la plus haute importance.

– Madame, demandez-moi ce que vous voulez.

– Voilà, monsieur. Le duc de Buckingham a pu rencontrer Sa Majesté. Comme preuve de son amour, elle lui a donné les ferrets de diamants[1] que le roi a offerts à Sa Majesté pour sa fête et M. de Buckingham est retourné en Angleterre sans incident. Mais le roi veut donner un bal le 3 octobre, à l'Hôtel de Ville. Sa Majesté vient d'apprendre que c'est le cardinal qui a poussé le roi à donner ce bal et, d'autre part, le roi exige que ma reine s'y présente avec les douze ferrets. Sa Majesté a très peur, elle pense que le cardinal sait quelque chose. Nous devons agir et vite. Nous sommes le 20 septembre. Il est encore temps de pouvoir récupérer les ferrets pour le bal. J'ai promis à ma reine que je trouverais un messager qui ira voir le duc de Buckingham et qui ramènera les ferrets, et ce messager... c'est vous. Voici un mot de la reine qui vous permettra d'approcher le duc et de l'argent pour le voyage. Alors, acceptez-vous cette mission ?

– Naturellement !

D'Artagnan est fou de joie et d'orgueil. Ce secret

---

1. Ferrets de diamants : pièces en diamant qui terminent un lacet.

qu'il possède, cette femme qu'il aime, la confiance et l'amour, font de lui un géant.

– Je pars, dit-il, je pars immédiatement.

– Je dois vous quitter, dit Constance ; je vous souhaite du courage et surtout de la prudence. Et n'oubliez pas que vous le faites pour la reine.

– Pour elle et pour vous ! s'écrie d'Artagnan. Puis il baise la main de Constance qui s'en va aussitôt.

Quelques instants plus tard, d'Artagnan sort de chez lui, enveloppé dans un grand manteau et son épée à la ceinture. Il se rend d'abord chez M. de Tréville pour lui expliquer qu'il doit remplir une mission pour la reine. Sans lui demander plus d'explication, le capitaine des mousquetaires lui donne la permission de partir et lui dit qu'il en parlera au directeur de l'Académie Royale. Puis d'Artagnan fait ses adieux à ses trois amis et part pour l'Angleterre.

Le voyage se passe sans incident. Deux jours plus tard, il se trouve à Londres. Là, on lui apprend que le duc est à Windsor et il s'y rend aussitôt. Grâce à la lettre que lui a donnée Constance, il est aussitôt reçu par le duc.

– Mon Dieu, qu'ai-je lu ? dit-il à d'Artagnan. Vite, retournons à Londres ; il faut que vous repartiez le plus vite possible.

Une fois à Londres, il va chercher un coffret qu'il montre à d'Artagnan.

– Voici les ferrets de la reine. Elle me les a donnés et elle me les reprend.

Et il les prend un par un et les tend à d'Artagnan en déposant un baiser sur chacun d'eux. Tout à coup, il pousse un cri terrible.

– Qu'y a-t-il ? demande d'Artagnan, inquiet.

– Il y a que tout est perdu, s'écrie Buckingham. Il n'y a plus que dix ferrets, on m'en a volé deux. Voyez les rubans qui les tenaient, ils ont été coupés.

– Qui a pu commettre ce vol ? demande d'Artagnan.

– Attendez, attendez ! La seule fois où j'ai mis ces ferrets, c'était au bal du roi, il y a cinq jours. Milady, la comtesse de Winter, s'est approchée de moi. Cette femme est un agent du cardinal. Elle me les a pris, j'en suis sûr. Quand a lieu ce bal ?

– Lundi 3 octobre.

– Nous avons encore du temps.

Buckingham appelle son secrétaire et lui donne rapidement des ordres. L'homme s'incline et sort. Peu après, l'orfèvre* du duc apparaît.

– Monsieur O'Reilly, lui dit Buckingham, regardez ces ferrets de diamants. Combien faut-il de jours pour faire deux ferrets comme ceux-là ?

– Trois jours, milord.

– Je les paierai très cher mais il me les faut pour après-demain.

– Vous les aurez, milord.

– Vous êtes un homme précieux.

L'orfèvre se met aussitôt au travail. Le surlendemain, les ferrets sont prêts. D'Artagnan repart pour Paris où il arrive sans problème.

Le jour du bal de l'Hôtel de Ville, tout Paris est en émoi[1]. On ne parle que de la fête où le roi et la reine vont danser le fameux ballet de la Merlaison, qui est la danse préférée du roi.

À six heures du soir, les invités commencent à arriver. À dix heures, on installe les mets[2] pour le roi. À minuit, on entend de grands cris et de nombreuses exclamations : c'est le roi qui arrive à l'Hôtel de Ville.

Chacun remarque que le roi a l'air triste et inquiet.

La reine entre dans la salle ; on remarque que, comme le roi, elle a l'air triste et surtout fatigué.

Tout à coup, le roi parle tout bas avec le cardinal. Il est très pâle. Il s'approche de la reine et d'une voix altérée :

– Madame, lui dit-il, pourquoi n'avez-vous pas vos ferrets de diamants alors que je vous avais demandé de les mettre.

La reine regarde derrière le roi et voit le cardinal qui sourit d'un sourire diabolique[3].

– Sire, dit-elle, je vais demander qu'on aille les chercher au Louvre, si tel est votre plaisir.

– Faites, madame, et vite car le ballet va bientôt commencer.

La reine salue et va à son cabinet. Le roi fait de même.

---

1. Être en émoi : être agité, en pleine effervescence.
2. Mets : plats.
3. Diabolique : mauvais, méchant.

Le roi sort le premier ; il porte un costume de chasse très élégant. Le cardinal s'approche de lui et lui donne une boîte. Le roi l'ouvre et y trouve deux ferrets de diamants.

– Que veut dire cela ? demande-t-il au cardinal.

– Rien, répond celui-ci, si la reine a les ferrets, comptez-les, Sire, et si vous n'en trouvez que dix, demandez à la reine qui lui a pris les deux ferrets que voici.

Le roi veut ajouter quelque chose mais la reine vient d'apparaître. Elle est d'une beauté incomparable. Elle porte une tenue de chasseresse qui lui va très bien. Sur son épaule gauche, brillent les ferrets. Le roi et le cardinal sont trop loin pour pouvoir compter les ferrets.

En ce moment, les violons donnent le signal du ballet. Le roi et la reine dansent. Le ballet se termine. Le roi remercie la reine d'avoir mis les ferrets qu'il lui a offerts puis il lui tend les deux ferrets que le cardinal lui a remis.

– Comment ! dit la reine en jouant la surprise, vous m'en donnez deux autres, mais alors cela en fera quatorze.

En effet, le roi compte et les douze ferrets se trouvent sur l'épaule de Sa Majesté. Il appelle le cardinal :

– Eh bien ! Que signifie cela ? demande-t-il d'un ton sévère.

– Cela signifie, Sire, que je voulais offrir ces deux

ferrets à Sa Majesté mais que je ne savais pas comment les lui donner.

Anne d'Autriche remercie le cardinal avec un sourire ironique puis elle reprend le chemin de son cabinet.

L'attention que nous avons donnée aux personnages illustres nous a fait oublier un instant notre héros. Il attend devant l'Hôtel de Ville. Soudain, une main se pose sur son épaule. Il se retourne et voit une jeune femme, dont le visage est couvert d'un loup[1] noir ; elle lui fait signe de le suivre. Il reconnaît Mme Bonacieux.

---

1. Loup : petit masque que l'on porte sur les yeux.

Elle le mène dans des couloirs, le fait entrer dans une pièce puis elle disparaît. Le jeune homme attend dans l'ombre. Tout à coup, une main passe à travers la tapisserie[1]. D'Artagnan comprend que c'est sa récompense. Il se met à genoux, baise cette main et, avant de se retirer, la main laisse un objet dans la sienne. C'est une bague. D'Artagnan, fou de joie, met aussitôt le cadeau d'Anne d'Autriche à son doigt.

Bientôt la porte s'ouvre et Mme Bonacieux apparaît.

– Partez par le chemin que nous avons pris, lui dit-elle tout bas.

– Mais où et quand vous reverrai-je ? s'écrie d'Artagnan.

– Vous trouverez un mot en rentrant chez vous qui vous le dira. Partez !

Et elle pousse d'Artagnan hors du cabinet. Ce dernier se laisse faire, ce qui prouve qu'il est vraiment amoureux.

---

1. Tapisserie : panneau décoratif qui recouvre un mur.

TROISIÈME PARTIE

NOTRE HÉROS RENTRE CHEZ LUI EN COURANT. Sous sa porte, il trouve une lettre de Constance qui lui donne rendez-vous pour le lendemain, à dix heures du soir, en face d'un pavillon[1] isolé, à Saint-Cloud.

La journée du lendemain paraît longue à d'Artagnan. Enfin, le soir arrive et il part à son rendez-vous. Il trouve facilement le pavillon mais constate, étonné, que tout est fermé et qu'il n'y a aucune lumière. Il attend. Le temps passe et Constance n'apparaît pas. D'Artagnan est inquiet. Onze heures sonnent et Constance n'est toujours pas là. Il faut faire quelque chose. À deux pas du pavillon, il y a une petite cabane où d'Artagnan voit de la lumière. Il va frapper à la porte. Un vieil homme lui ouvre. D'Artagnan lui raconte qu'il a rendez-vous avec une jeune femme devant le pavillon et il lui demande s'il l'a vue.

– Si vous avez vu quelque chose, dites-le, je vous en supplie, dit d'Artagnan.

– Il était neuf heures à peu près, j'ai entendu du bruit, j'ai regardé par la fenêtre et j'ai vu que des

---

1. Pavillon : maison.

hommes emmenaient de force une jeune femme dans un carrosse. *— carriage.*

— Mon Dieu ! s'écrie d'Artagnan.

Le vieil homme n'en sait pas plus et d'Artagnan repart, très triste. Il fera tout pour retrouver Constance.

Une fois à Paris, il a besoin de parler à quelqu'un et décide d'aller voir Athos. Athos le fait entrer et lui sert un verre de vin.

— Qu'avez-vous, mon ami, vous avez l'air triste ? lui demande Athos.

Et d'Artagnan lui raconte l'histoire de Constance.

— Misères[1] que tout cela ! dit Athos.

— Que savez-vous de l'amour, vous qui n'avez jamais aimé ? lui répond d'Artagnan.

En entendant cela, l'œil d'Athos s'enflamme.

— Mon jeune ami, dit-il à d'Artagnan, vous ne savez rien de moi mais aujourd'hui, je vais vous raconter mon histoire.

Athos se tait, respire lentement puis commence son récit.

— Comme vous le savez, je suis comte de ma province, c'est-à-dire du Berry. Quand j'avais vingt-cinq ans, je suis tombé fou amoureux d'une jeune fille, belle comme les amours. Elle vivait dans un petit bourg avec son frère qui était curé. On ne savait pas d'où ils venaient, mais elle était si belle et lui si bon que per-

---

1. Misère : ici, événement malheureux, triste.

sonne ne pensait à le leur demander. Bref, j'étais si amoureux d'elle que je l'épousais. Quel imbécile j'étais !

– Mais pourquoi cela ? dit d'Artagnan, puisque vous l'aimiez.

– Attendez, dit Athos. Un jour que nous étions à la chasse, elle est tombée de cheval et elle s'est évanouie. Je me suis précipité sur elle et j'ai déchiré ses habits pour qu'elle puisse respirer. J'ai découvert son épaule et devinez ce qu'elle avait sur son épaule. Une fleur de lys*.

Et Athos vide d'un trait[1] le verre de vin qu'il tient à la main.

– Horreur ! s'écrie d'Artagnan. Que dites-vous là ?

– La vérité. Mon cher, l'ange était un démon. La fille avait volé.

– Et qu'est-ce que vous avez fait ?

– Je lui ai attaché les mains derrière le dos et je l'ai pendue à un arbre. *Tied for hands*

– Ainsi elle est morte ? demande d'Artagnan.

– Naturellement.

– Et son frère ? ajoute timidement d'Artagnan.

– Je l'ai cherché pour le pendre, mais il avait disparu.

– Mon Dieu ! Mon Dieu ! fait d'Artagnan.

Puis Athos se tait et les deux amis restent un long moment silencieux. Enfin, ils se quittent le cœur empli de tristesse. *Read filla* *Dict sadness.*

---

1. D'un trait : d'un seul coup.

* * *

Les semaines passent. D'Artagnan, malgré ses recherches, est toujours sans nouvelles de Constance.

Un jour où il va retrouver Porthos à la sortie de l'église de Saint-Leu, il voit un carrosse arrêté près de l'église et, tout étonné, il s'aperçoit que la femme qui est à la fenêtre de la voiture n'est autre que Milady. D'où il est, il peut observer sans être vu. Milady est en grande conversation avec un cavalier richement habillé qui se tient à la portière. La conversation est en anglais, langue que d'Artagnan ne comprend pas mais, au ton, d'Artagnan devine que la belle Anglaise est très en colère. Il la voit tout à coup qui donne un violent coup d'éventail[1] sur la main de son interlocuteur. L'objet se casse en mille morceaux. Le cavalier éclate de rire ce qui exaspère[2] encore plus Milady. D'Artagnan pense que c'est le moment d'intervenir.

– Madame, dit-il en s'avançant, puis-je vous offrir mes services ?

– Monsieur, dit Milady en très bon français, j'accepterais volontiers, mais il se trouve que la personne avec qui je me dispute est mon frère.

---

1. Éventail : petit objet qu'on tient à la main et qu'on agite pour avoir de l'air.
2. Exaspérer : irriter, mettre en colère.

– De quoi ce mêle cet étourneau[1], s'écrie le cavalier.

– Étourneau vous-même, répond d'Artagnan.

Milady profite de l'incident pour faire partir la voiture. Le cavalier fait un mouvement pour la suivre.

– Eh monsieur, dit d'Artagnan, vous semblez oublier que nous venons de commencer une petite discussion.

– Vous voyez que je n'ai pas d'épée, dit le cavalier.

– Rentrez chez vous, choisissez la plus longue et venez me la montrer ce soir.

– Où cela, s'il vous plaît ?

– Derrière le Luxembourg.

– C'est bien. Nous nous retrouverons donc à six heures.

– Parfait. J'y serai avec trois amis.

– Moi aussi, monsieur... ?

– D'Artagnan. Et vous ?

– Moi, je suis le comte de Winter, le beau-frère de Milady.

– À ce soir, donc.

L'heure venue, d'Artagnan se rend avec ses trois témoins derrière le Luxembourg. Bientôt, Lord de Winter apparaît avec les siens. Le combat commence. Très vite, d'Artagnan, qui est le plus fort, pose son épée sur la gorge de son adversaire.

– Je pourrais vous tuer, dit-il, mais je vous donne la

---

1. Étourneau : petit oiseau ; ici, personne sans cervelle.

vie pour l'amour de votre belle-sœur.

D'Artagnan a un plan. Il veut connaître mieux Milady pour savoir si elle travaille vraiment pour le cardinal.

Lord de Winter est enchanté et il invite d'Artagnan à venir chez lui, le soir même. Il lui présentera sa sœur.

Deux heures plus tard, d'Artagnan se trouve chez Lord de Winter et passe la soirée en sa compagnie et celle de Milady qui est fort aimable.

Au bout de deux heures de conversation, d'Artagnan est convaincu que Milady est sa compatriote, car son français est excellent.

Pendant les jours qui suivent, d'Artagnan va rendre visite à Milady et à Lord de Winter. Parfois, l'Anglais n'est pas là et il reste bavarder avec Milady. Bientôt, d'Artagnan se rend compte qu'il est de plus en plus amoureux d'elle.

Un jour, en arrivant devant sa porte, il rencontre sa servante. Il la salue et elle lui dit, en rougissant, qu'elle voudrait lui parler.

– Que veux-tu, ma belle enfant ?

– Monsieur, répond la servante, aimez-vous ma maîtresse ?

– Oh ! naturellement, répond d'Artagnan, je suis fou d'elle !

– Hélas, répond la jeune fille, c'est bien dommage, car elle ne vous aime pas du tout et, comme vous semblez être une bonne personne, j'ai voulu vous avertir.

D'Artagnan pâlit.

– Mais comment le sais-tu ? lui demande-t-il.

– Elle me l'a dit. Un soir où vous n'êtes pas venu, je lui ai demandé si elle était triste de ne pas vous voir. Elle a éclaté de rire et m'a dit qu'elle vous détestait. Que vous étiez un imbécile qui n'avait pas voulu tuer son beau-frère et qui, ainsi, lui faisait perdre l'argent dont elle aurait pu hériter. Et, le plus grave, elle a dit qu'elle voulait se venger de vous pour une affaire qui s'est passée en Angleterre.

D'Artagnan remercie la jeune femme et reste pensif. Il est déçu mais son orgueil lui dit de continuer à fréquenter Milady et de la séduire pour voir jusqu'où elle peut aller.

Il continue donc à la voir régulièrement. Elle est toujours charmante avec lui. Un soir, où elle est encore plus aimable que d'habitude, d'Artagnan lui prend la main et la couvre de baisers. Milady, d'une voix troublée, lui demande s'il l'aime. Comme réponse, d'Artagnan la prend dans ses bras et veut l'embrasser. Milady cherche à fuir mais d'Artagnan la retient par le bras. Milady fait un mouvement pour se dégager. C'est alors que sa manche glisse sur son épaule et d'Artagnan, horrifié, découvre qu'elle porte une fleur de lys. Milady comprend aussitôt que d'Artagnan a vu son secret. Elle veut se jeter sur lui mais notre héros se précipite rapidement sur la porte et part à toute vitesse. Il se retrouve dans la rue tout tremblant. Ce qu'il vient de voir l'effraie. Il court comme un fou, sans but. Soudain, il s'arrête et réfléchit. Il doit aller voir Athos et tout lui raconter. Il court donc chez lui.

– Que vous arrive-t-il ? lui demande ce dernier, vous êtes bouleversé.

Et d'Artagnan lui raconte ce qui vient de se passer.

– Quoi ! hurle Athos.

– Votre femme est bien morte ? demande d'Artagnan.

– Comment est cette femme ? répond Athos. Blonde, avec des yeux clairs et des cils et des sourcils noirs ?

– Oui, répond d'Artagnan.

– Grande, bien faite ?

– Oui.

– La fleur de lys est petite et brune ?

– Oui.

– C'est elle, fait Athos, je ne puis le croire. Il faut que je la voie.

Mais ils ne peuvent pas faire ce qu'ils ont décidé car, le lendemain, les mousquetaires et les gardes de la compagnie de d'Artagnan doivent partir pour le siège[1] de la Rochelle, un événement politique qui a marqué le règne de Louis XIII.

Heureusement pour les quatre amis, leur compagnie est installée l'une près de l'autre, ce qui leur permet de se voir de temps en temps et même de dîner parfois ensemble.

---

1. Siège : opération militaire faite pour prendre une ville.

Un soir, le capitaine de d'Artagnan l'envoie avec deux autres gardes observer les lignes ennemies[1]. Notre héros part donc remplir sa mission. Tout est en ordre et il reprend tranquillement le chemin du retour. Bien avant d'arriver au camp[2], les deux gardes qui accompagnent d'Artagnan se dépêchent et d'Artagnan reste un peu en arrière. Tout à coup, il voit

---

1. Lignes ennemies : endroit où est installé l'ennemi.
2. Camp : endroit où sont installées les troupes.

deux ombres se précipiter sur lui. Il saisit aussitôt son épée et se lance avec rage sur ses attaquants. L'un d'eux tombe mort presque aussitôt. D'Artagnan doit se battre avec acharnement avec le second mais il lui porte enfin la pointe de son épée sur la gorge.

– Grâce, fait l'homme, ne me tuez pas et je vous dirai tout.

Cette phrase semble étrange à d'Artagnan et il pressent qu'il n'est pas en face de l'ennemi qu'il est venu observer mais d'un tout autre ennemi.

– Parle, dit-il. Pourquoi m'as-tu attaqué ? Qui veut m'assassiner ?

– Une femme que je ne connais pas mais qu'on appelle Milady.

– Si tu ne la connais pas, comment sais-tu son nom ?

– Mon camarade la connaissait, c'est lui qui a parlé avec elle, il a même dans sa poche une lettre de cette femme.

– Combien vous a-t-elle donné pour accomplir ce travail ?

– Cent louis*.

– Parfait, je vois qu'elle pense que je vaux quelque chose. Je te fais grâce mais à une condition.

– Laquelle ?

– Fouille ton compagnon et donne-moi la lettre de cette dame.

L'homme fait ce qu'on lui dit puis part en courant.

D'Artagnan ouvre la lettre et lit :

« *Puisque vous n'avez pas été capable de suivre cette femme et qu'elle est maintenant cachée dans un couvent, essayez au moins d'être plus efficace avec l'homme, sinon je saurai me venger !* »

Pas de signature mais il est évident que la lettre vient de Milady. D'autre part, d'Artagnan comprend que la femme dont Milady parle n'est autre que Mme Bonacieux et il reprend espoir de la retrouver.

Il rentre enfin au camp et, le lendemain, il raconte à ses amis son aventure de la veille[1].

Quelques jours plus tard, Athos, Porthos et Aramis, montés sur leurs chevaux et enveloppés de leur manteau, rentrent d'une auberge où ils sont allés dîner. Soudain, ils entendent un bruit de chevaux qui arrivent vers eux. Ils s'arrêtent et aperçoivent deux cavaliers qui s'arrêtent à leur tour.

– Qui êtes-vous ? demande Athos.

– Et vous ? répond une voix forte et autoritaire.

– Mousquetaires du roi, dit Athos.

– Quelle compagnie ?

– Compagnie de Tréville.

– Avancez et venez m'expliquer ce que vous faites ici à cette heure.

Les trois mousquetaires s'avancent. Un des cavaliers, celui qui a parlé, est placé devant son compagnon.

---

1. La veille : le jour d'avant.

– Monsieur le cardinal ! s'écrie Athos.

– Vos noms ? demande le cardinal.

– Athos, Porthos et Aramis.

– Suivez-nous, messieurs, pour assurer ma sécurité.

Les trois mousquetaires s'inclinent.

– Votre Éminence a raison de nous emmener avec elle : nous avons rencontré sur la route de drôles de gens et nous avons même eu, à l'auberge du Colombier-Rouge, une dispute avec trois misérables qui étaient ivres.

– Pourquoi cette querelle, messieurs ? demande le cardinal.

– Une femme est arrivée, ce soir, à l'auberge, et ils voulaient forcer sa porte.

– Et cette femme était jeune et jolie ? demande le cardinal d'un ton inquiet.

– Nous ne l'avons pas vue, Monseigneur.

Et ils se mettent en route.

Dix pas avant d'arriver à l'auberge dont nous venons de parler, le cardinal descend de cheval et va frapper à la porte d'une certaine façon. On le fait entrer et il demande à l'homme d'offrir à boire aux mousquetaires puis, s'adressant à ces derniers :

– Entrez et attendez-moi, je n'en ai pas pour longtemps.

Les trois amis s'installent dans une petite pièce et se mettent à jouer aux cartes en buvant du vin. Tout à coup, Athos demande à ses amis de se taire. En effet,

à travers le tuyau du poêle[1] on entend des voix. Athos s'approche, tend l'oreille et entend :

« Vous avez compris votre mission, Milady. Je sais qu'elle est délicate, mais j'ai confiance en vous, » dit le cardinal.

« Merci, Monseigneur. Mais justement, étant donné que la mission est si difficile, je voudrais demander à

---

1. Poêle : appareil dans lequel on brûle du bois ou du charbon pour se chauffer.

Votre Éminence une faveur », répond Milady.

« Laquelle ? »

« M'aider à retrouver une ennemie, une femme du nom de Bonacieux. »

« Je sais de qui vous parlez et je sais où elle se trouve. Mais elle n'est guère dangereuse. Pourquoi voulez-vous la voir ? »

« Je dois régler une petite affaire avec elle. Si Monseigneur peut me dire où elle se trouve... »

« Au couvent des Carmélites de Béthune. »

« Merci, Monseigneur, » répond Milady.

« Maintenant, Milady, donnez-moi du papier, une plume et de l'encre, je vais vous écrire un mot pour votre mission. »

Il y a un moment de silence. Athos dit alors à ses compagnons qu'il doit sortir. Il leur demande de rac-compagner seuls le cardinal et de lui dire qu'il est parti devant, pour voir s'il n'y avait pas de problème. Sur ce, il sort.

Porthos et Aramis raccompagnent le cardinal au camp.

Le lendemain matin, Athos va trouver d'Artagnan et l'emmène dans un coin isolé pour pouvoir lui parler. Il lui raconte ce qui s'est passé la veille entre Milady et le cardinal. Puis il ajoute :

– Quand Richelieu est parti, je suis monté chez Milady. C'est elle, d'Artagnan, c'est ma femme ! Elle était effrayée en me voyant. J'ignore quelle mission elle devait faire pour le cardinal mais je lui ai pris la lettre qu'il lui avait donnée. La voici. Lis :

« C'est par mon ordre et pour le bien de l'État
que le porteur de cette lettre a fait ce qu'il a fait.

Richelieu »

– Prends-la, ajoute Athos. Hier, Milady était folle
de rage quand je suis parti. J'ai peur qu'elle cherche
Mme Bonacieux et qu'elle lui fasse du mal, pour se
venger de toi et aussi de moi car je l'empêche
d'accomplir sa mission et je connais son secret. Elle
est perdue, et elle le sait. Tu peux compter sur moi et
sur Porthos et Aramis qui savent tout, mais il faut agir
et vite.

D'Artagnan est accablé. Il sait qu'Athos a raison
mais comment peuvent-ils s'absenter ?

Pendant ce temps, Milady se rend en effet au couvent de Béthune. Elle se présente comme la comtesse
de Winter et se fait passer pour une victime du cardinal Richelieu. La supérieure du couvent lui dit alors
qu'il y a au couvent une charmante jeune femme qui a
aussi beaucoup souffert à cause du cardinal et elle lui
présente Constance. C'est ce que voulait Milady. Son
but, c'est de la faire enlever pour pouvoir rencontrer
d'Artagnan qui, elle le sait, cherchera à la sauver.

Deux jours passent. Constance, qui ignore qui est
Milady, bavarde souvent avec elle et lui confie certains
de ses secrets. Pendant ce temps, Milady est entrée en
contact avec des hommes à elle qui doivent venir enlever Mme Bonacieux.

Le jour de l'enlèvement, elle propose à Constance

de faire une promenade dans le parc. Une voiture doit les attendent sur un petit chemin au fond du parc. Milady va chercher Constance dans sa chambre mais, au moment de sortir, elle entend un bruit de chevaux. Elle regarde par la fenêtre et voit arriver quatre cavaliers. Le premier, elle le reconnaît : c'est d'Artagnan.

– Vite, sortons ! crie-t-elle à Constance. Ce sont les gardes du cardinal.

– Fuyons, crie Constance, mais elle reste clouée sur place par la peur. Des cris retentissent. Constance fait deux pas et tombe sur les genoux. Milady essaie de la soulever et de l'emporter, mais elle ne peut y arriver. Tout à coup, son regard devient méchant. Elle court à la table, prend un verre d'eau et verse dedans le contenu d'une petite bouteille. C'est une poudre rouge qui fond aussitôt.

– Buvez, dit-elle à Constance, ce vin vous donnera des forces.

Constance boit. Milady remet le verre sur la table et dit :

– Ah, ce n'est pas comme ça que je voulais me venger mais on fait ce que l'on peut.

Et elle sort de la chambre en courant.

Mme Bonacieux la regarde fuir sans pouvoir la suivre.

Soudain, elle entend des voix qui s'approchent. La porte s'ouvre.

– D'Artagnan ! D'Artagnan ! s'écrie Constance, c'est bien toi !

Et elle veut se jeter dans ses bras mais tombe par terre. D'Artagnan se précipite, la soulève mais Constance, très pâle, n'a pas la force de rester debout. Il la fait asseoir dans un fauteuil.

– Constance, qu'y a-t-il ? lui demande-t-il en lui prenant les mains.

– Je ne sais pas, c'est étrange... Oh, mon Dieu, ma tête tourne. Ce doit être le vin qu'elle m'a donné.

– Qui, *elle* ? hurle d'Artagnan.

– Je ne sais plus, murmure Constance, mon amie... ah, je me souviens, la comtesse de Winter.

D'Artagnan et ses trois amis qui viennent aussi d'entrer dans la chambre poussent un cri en entendant ce nom.

D'Artagnan se lève, prend les mains d'Athos et dit :

– Tu crois que...

– D'Artagnan, d'Artagnan ! s'écrie Mme Bonacieux, où es-tu ? Je ne vois plus rien, je vais mourir.

D'Artagnan la prend dans ses bras.

– Constance, Constance ! dit-il.

Un soupir s'échappe de la bouche de la jeune femme. C'est le dernier. Constance est morte.

– Non, non ! hurle d'Artagnan.

Athos serre son épaule. D'Artagnan dépose Constance sur le lit en pleurant. Athos embrasse le jeune homme et lui dit :

– Ami, sois un homme : les femmes pleurent les morts, les hommes les vengent.

Puis ils sortent tous, vont prévenir la supérieure du

couvent et partent pour la ville de Béthune.

D'Artagnan et ses amis ont pu abandonner leur camp grâce à un congé de trois jours que leur a donné leur capitaine. Ils décident maintenant de partir à la recherche de Milady.

Chacun part de son côté et ils prennent rendez-vous pour le lendemain, à onze heures, à un endroit précis.

Le lendemain, à l'heure dite, les amis se retrouvent sauf Athos. Bientôt un homme se présente avec un message du mousquetaire qui dit à ses amis d'arrêter leurs recherches, qu'il a trouvé ce qu'ils cherchaient et qui leur donne le lieu d'un rendez-vous pour le lendemain soir.

Le soir du rendez-vous avec Athos, la nuit est orageuse, de gros nuages courent dans le ciel et le vent souffle. L'endroit où les trois amis, montés sur leurs chevaux, attendent Athos est très isolé. Athos arrive enfin suivi d'un homme qui porte un manteau rouge et dont le visage est couvert d'un masque.

Sans présenter l'homme qui l'accompagne, Athos dit à ses amis :

– Elle s'est réfugiée près d'ici dans une cabane. Suivez-moi.

Ils se mettent en marche. Ils distinguent bientôt la cabane. Une fenêtre est éclairée. Ils voient l'ombre d'une femme. Athos s'approche de la fenêtre et regarde. À ce moment, un cheval hennit. Milady relève la tête et voit, collé à la vitre, le visage pâle d'Athos. Elle

pousse un cri. Athos comprend qu'elle l'a reconnu. Il pousse la fenêtre du genou et de la main. Elle s'ouvre. Il entre dans la pièce. Milady court à la porte et l'ouvre. Plus pâle et plus menaçant qu'Athos, d'Artagnan est sur le seuil.

Derrière d'Artagnan entrent Porthos, Aramis et l'homme au manteau rouge.

– Que demandez-vous ? s'écrie Milady.

– Nous demandons, dit Athos, Anne de Breuil, qui s'est appelée d'abord la comtesse de la Fère puis lady de Winter.

– C'est moi, c'est moi ! murmure-t-elle. Que me voulez-vous ?

– Nous voulons vous juger selon vos crimes, dit Athos. Monsieur d'Artagnan, à vous d'accuser le premier.

D'Artagnan s'avance.

– J'accuse cette femme d'avoir empoisonné Constance Bonacieux.

Ils se retournent vers Porthos et Aramis.

– Nous attestons[1], disent les deux mousquetaires.

– À mon tour, dit Athos. J'ai épousé cette femme quand elle était jeune fille. Je lui ai donné mon nom, mon bien et un jour j'ai découvert qu'elle était marquée d'une fleur de lys sur l'épaule gauche.

– Oh ! dit Milady, vous ne trouverez jamais le tribunal qui a prononcé contre moi cette horrible sentence

---

1. Attester : dire que c'est vrai.

et encore moins l'homme qui l'a exécutée.

– Silence, dit une voix, à ceci c'est à moi de répondre.

Et l'homme au manteau rouge s'approche à son tour de Milady. Il ôte alors son masque. Milady, pâle de terreur, le regarde avec des yeux emplis d'horreur.

– Non, non, dit-elle, le bourreau* de Lille, pas lui, pas lui !

– Je savais qu'elle allait me reconnaître, dit l'homme. Je suis en effet le bourreau de la ville de Lille et voici mon histoire : il y a bien longtemps, cette jeune femme était une jeune fille aussi belle qu'elle est belle aujourd'hui. Elle était religieuse au couvent des Bénédictines. Un jeune prêtre, au cœur simple, s'occupait de ce couvent. Elle avait décidé de le séduire et elle y est arrivé. Ils voulaient s'enfuir tous les deux. Comme ils n'avaient pas d'argent, le jeune prêtre a volé des vases du couvent et il les a vendus. Ils ont été arrêtés tous les deux mais elle a réussi à s'enfuir. Le jeune prêtre a été condamné à être marqué. J'étais le bourreau de la ville, c'est moi qui l'ai marqué. J'ai dû marquer le coupable et le coupable, messieurs, c'était mon frère ! J'avais décidé de faire la même chose à cette femme. Je l'ai cherchée, je l'ai trouvée et je lui ai appliqué à elle aussi la marque.

– Monsieur d'Artagnan, dit Athos, quelle est la peine que vous réclamez contre cette femme ?

– La peine de mort, dit d'Artagnan.

– Messieurs Porthos et Aramis, dit Athos, vous qui

êtes juges, quelle est la peine que vous portez contre cette femme ?

– La peine de mort, répondent les deux mousquetaires.

– Anne de Breuil, comtesse de la Fère, Milady de Winter, dit Athos, vous êtes condamnée et vous allez mourir.

Il est minuit quand les hommes sortent de la cabane en traînant Milady. Arrivés au bord d'une rivière, on lui attache les pieds et les mains.

– Vous êtes des lâches, se met-elle à crier, je ne veux pas mourir, je suis trop jeune pour mourir.

– La jeune femme que vous avez empoisonnée à Béthune était encore plus jeune que vous, madame, et cependant, elle est morte, dit d'Artagnan.

Athos fait un pas vers Milady.

– Je vous pardonne, dit-il, le mal que vous avez fait. Mourez en paix.

D'Artagnan s'avance à son tour et dit :

– Moi aussi, je vous pardonne et je pleure pour vous, mourez en paix.

– Je suis perdue, dit Milady. Où vais-je mourir ?

– Sur l'autre rive, répond le bourreau.

Il la fait alors monter dans une barque. Au moment où il va aussi y monter, Athos lui remet une somme d'argent.

– Tenez, dit-il, voilà le prix de l'exécution ; c'est la preuve que nous agissons en juges.

– C'est bien, dit le bourreau, et que maintenant, à

son tour, cette femme comprenne que je ne fais pas mon métier mais mon devoir. Et il jette l'argent dans la rivière.

Le bateau part vers l'autre rive. On voit le bourreau et Milady descendre du bateau. Cette dernière tombe à genoux. Alors, à la lueur de la lune, on voit le bourreau lever lentement ses deux bras qui retombent presque aussitôt. Puis une masse tombe sur le sol.

Alors le bourreau enlève son manteau, l'étend par terre, y couche le corps et y jette la tête. Il noue ensuite le manteau, le charge sur son épaule et remonte dans le bateau.

Arrivé au milieu de la rivière, il arrête la barque et laisse tomber le cadavre au plus profond de l'eau.

* * *

Trois jours après, les quatre amis rentrent à Paris. Ils vont aussitôt rendre visite à M. de Tréville.

– Eh bien, messieurs, leur demande le capitaine, vous vous êtes bien amusés pendant votre congé ?

– Prodigieusement, répond Athos d'une voix triste.

Ils racontent alors à M. de Tréville tout ce qui s'est passé. Puis ils lui montrent la lettre du cardinal qu'Athos avait pris à Milady.

– Elle est morte, donc, dit M. de Tréville. Vous vous êtes constitués juges et vous l'avez fait exécuter en utilisant un ordre de son Éminence pour vous protéger.

– Oui, monsieur.

– Bien, messieurs. Sortez maintenant, nous reparlerons bientôt de tout cela.

M. de Tréville va alors parler au roi qui, lui-même, s'entretient ensuite avec Richelieu. Nous ignorons ce que ces personnages illustres se disent. La seule chose que nous savons, c'est que, quelques jours plus tard, d'Artagnan réalise enfin son rêve : il est admis chez les mousquetaires du roi.

La vie à l'époque de Louis XIII

Baudrier : bande, généralement de cuir, que l'on porte en bandoulière et qui soutient une épée.

Bourgeois : personne qui a de l'argent et qui habite la ville.

Bourreau : personne qui exécute les condamnés à mort.

Cabaret : établissement où l'on sert à boire.

Cabinet : pièce où l'on se retire pour travailler, pour avoir un entretien avec quelqu'un.

Carrosse : voiture élégante à quatre roues, tirée par des chevaux.

Casaque : vêtement à manches larges que portent les mousquetaires.

Cavalier : personne qui monte un cheval.

Duel : combat à armes égales entre deux personnes.

Épée : arme formée d'une longue lame droite.

Fleur de lys : figure formée de 3 fleurs de lys, emblème des rois de France ; ici, marque au fer rouge qui a cette forme et que l'on applique sur l'épaule de certains condamnés.

Fourreau : long étui où le mousquetaire garde son épée.

Gentilhomme : homme qui appartient à la noblesse.

Hôtellerie : auberge, maison où les voyageurs peuvent manger et dormir.

Lingère : femme qui s'occupe du linge de la reine.

Louis : (du nom de Louis XIII) monnaie d'or.

Mettre en garde (se) : se mettre en position de défense ou d'attaque.

Monture : animal que l'on monte.

Mousquetaire : cavalier faisant partie des troupes de la maison du roi, en France, au XVIIe et au XVIIIe siècle.

Orfèvre : artisan qui fabrique des objets d'ornement.

1) Répondre par vrai ou faux.

a)   D'Artagnan est originaire du nord de la France.

b)   Milady est blonde.

c)   Il manque quatre ferrets aux douze que la reine Anne d'Autriche a donnés au duc de Buckingham.

d)   Aramis a été le mari de Milady.

e)   La reine Anne d'Autriche offre une bague à d'Artagnan.

f)   Milady travaille pour le roi Louis XIII.

g)   Constance Bonacieux est cuisinière chez la reine.

h)   Avant, Milady était religieuse.

i)   L'homme au manteau rouge est le bourreau de Marseille.

j)   Milady étrangle Mme Bonacieux pour se débarrasser d'elle.

k)   Après avoir tué Milady, le bourreau jette son corps dans la rivière.

2) Charades.

1)   Mon premier est vert et on le trouve dans les bois.

Le chien remue mon deuxième quand il est content.

Les carottes et les radis poussent dans mon troisième.

Mon tout est un garde du roi.

2)   Mon premier est le contraire de pauvre.

On mange mon deuxième dur ou sur le plat.

Mon troisième est un endroit.

Mon tout est un grand personnage de l'histoire de France.

3) Trouver l'intrus.

- maison - panier - pavillon - cabane - château
- robe - manteau - cape - chapeau - chou
- parler - écrire - dire - causer - bavarder
- belle - charmante - ravissante - froide - magnifique

4) Choisir la bonne réponse.

D'Artagnan est :

❒ berrichon

❒ gascon

❒ breton

Le vrai nom de Milady est :

❒ Anne de Bretagne

❒ Anne de Bourgogne

❒ Anne de Breuil

Le jour du bal, la reine s'habille en :

❒ chasseresse

❒ servante

❒ bergère

Le duel entre d'Artagnan et Aramis a lieu à :

❒ 1 heure

❒ 2 heures

❒ 3 heures

Solutions

1) a) faux ; b) vrai ; c) faux ; d) faux ; e) vrai ; f) faux ; g) faux ; h) vrai i) faux j) faux k) vrai

2) 1) mousse - queue - terre = mousquetaire

2) riche - œufs - lieu = Richelieu

3) panier ; chou ; écrire ; froide

4) gascon ; Anne de Breuil ; chasseresse ; 2 heures

Édition : BFM

Crédits photos
Couverture : Archives Nathan
Page 3 : Harlingue/Viollet
Illustrations : Jaume Bosch

N° de projet : 10154935 - CGI - septembre 2008
Imprimé en France par
Imprimerie France Quercy - Mercuès - N° d'impression : 81985a